句集

# 俳句の考古学

本間まん

琉球新報社

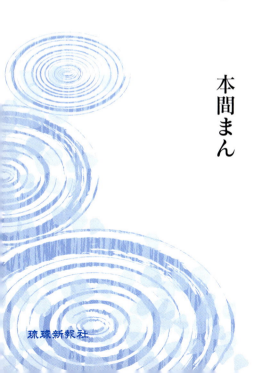

句集

# 俳句の考古学

本間まん

琉球新報社

――兜太に捧ぐ

# 句集　俳句の考古学＊目次

二〇〇八年五月から二〇一九年五月までの、計三〇六句を収録する

# 句集　俳句の考古学

# 自画像

二〇〇八（一五句）

懐に匕首《あいくち》をのむ大暑かな

自画像や余白で嗤《わら》う蛍かな

耳鳴りが念仏となる麦の秋

炎昼《えんちゅう》や父の声を聞く風の耳

風立ちぬ受話機の向こう修羅場かな

初恋の妻となりたる鹿の声

邯鄲《かんたん》や緑の大地に口づけを

名月やお先にゆきますロメオ様

帰省して亡父と語る月夜かな

光る月孤独の泡があふれ出し

瘡蓋《かさぶた》を無理やりはがす月の人

素《す》の自分つかみそこねた萩の花

陽炎《かげろう》や鳥となりたる父の声

梅干を母に押し込む夜の島

嘘が好き父のカバンが月にある

# 目玉

二〇〇九（四一句）

初春やサラサラとける目玉かな

初鳩や僕らの海へ漕ぎ出そう

双六《すごろく》や命一つを貪りて

初釜や借金取りの白内障

戯れに妻に近づく山桜

もういない父のあとから梅が咲く

嘆くまい矢は放たれて蜂が飛ぶ

叱っておくれよ酒に溺れる藤の花

春雷や花鳥図ばかりの屏風かな

無鉄砲は父親ゆずり土筆《つくし》取り

ホロ酔いのパジャマと踊る木瓜《ぼけ》の花

蛤や余命いくばく泣き笑い

継母を笑いとばせよ都忘れ

不機嫌な虻とりどりの地獄絵図

ミモザ咲く女の尻を追いかける

父憎む袋小路の桜かな

女郎花《おみなえし》遊んでおくれよ雨の日も

母一人子一人が泣く鱧《はも》の皮

桜散る恋の微積を計算中

たまゆらの母よみがえる単衣《ひとえ》かな

蚕豆《そらまめ》やガンジス川の迷い犬

喜雨《きう》が降る小さな母の掛蒲団

世之介の好色シネマ海開き

紫陽花《あじさい》の足手まといな女かな

夕立ちやあなたは私の中にいる

雨蛙恋の都を振り捨てて

学問の鈴が聞こえる百日草

鈴虫やゼリー状の恋すすりこむ

鯨さん夜空いっぱいの恋ごころ

逆さまに首を切られた花月夜

送り火や夢の卵を握りしめ

ぶすぶすとガンジスの辺《ほとり》月の骨

線香はロンドンに向ふ蝸牛《かたつむり》

母の背にアンメルツ塗る枯野かな

ふるさとの月に抱きつく座蒲団かな

月晴れて虫も殺さぬ憎い奴

今むかし父待ちわびる月夜かな

豆腐よう心さびしき日本人

切なさがふるさとしばるクモの糸

コスモスや一人暮らしの恋レッスン

解脱して湯ぶねで遊ぶ不死鳥よ

# 置き手紙

二〇一〇（一七句）

左義長や我子《あこ》に逢いたし橇《そり》はなし

ホメロスが天上めざす淑気《しゅくき》かな

初夢や童女のやうな母なりき

春雨や消えた女房の置き手紙

カツカレー捨てた命をたぐりよせ

五月晴れ米寿の母が紅を引く

海鳴りや午前三時の恋電話

老いぼれて恋路にはまるシクラメン

蟻地獄トホホ男の逃げた妻

凡夫こそ鯨の目玉ふみつぶす

ビリビリと闇を切りさく野分かな

法師蟬世間知らずの嘘つきで

捨てきれず古き草鞋と日向夏

足テビチ涙と笑いのチムドンドン

声もなく月が泣き出す父の庭

空きカンをねじふせてみるパリの月
森に棲むやせた鯨の月に酔う

# 国を売る

二〇一一（二〇句）

鳥交る《とりさかる》せめて夢でも逢えたらね

鬼が来る母の背中で泣いた春

息とめて地獄の門へ沈丁花

春燈や帰らぬ人のサングラス

いつか来る自分との別れ赤トマト

春よ来い語り尽くせむ父百年

誰でもが往生するとカキツバタ
マハラジャは風の宮殿とぶ蛍
パパイヤは色即是空ブッタも来る

島ぞうり摩文仁《まぶに》の道はぬかるんで

菊の香や鬼の街から一里半

手も足もはえかわる夜の竹の声

コスモスやカバン一つの人生なり

からからと恋の水車が月にゆく

十五夜の耳たぶ揺らす吐息かな

絶望と書いては消して月煌煌《こうこう》

山眠る母のためなら国を売る

早く来てハグハグしてよかぐや姫

シャボン玉青春なんて泥だらけ

冬の鬼小魚のみこむ浮世かな

# 泣き虫

二〇一二（三〇句）

初景色こぼれた酒で好きと書く

俗物の赤い背広に雑煮かな

人日の今やキリスト死んだのだ

独楽《こま》廻し母の名をよぶ何度でも
龍となれ赤いマントで君を抱く
ゆらゆらと見果てぬ夢の牡丹かな

永き日の鬼と出会うや渡月橋

いそいそと荷造りするや春の耳

雪どけや長押《なげし》に隠す秘めた恋

黒髪や象をひきづる桜坂

あの海へ無理心中する鉄砲ゆり

ざわざわと耳朶《じだ》ふるわせて山笑ふ

歯をみがき顔を洗ってゆく野辺送り

母子草そばで笑ってよあと二センチ

東京に背を向けてゆくカタツムリ

泣き虫の心が折れるサングラス

山ももや一族郎党の湯浴かな

老いらくの恋と知りつつ半夏生《はんげしょう》

若い頃オレにもあったねソクラテス

ベランダに雀となりし父が泣く

錦秋の浄土を抱くや砂時計

ふるさとの案山子が死んだ山の月

月消えて父の背中に鬼が棲む

燃える手で恋わしづかみ冬座敷

行く年や魚の小骨が踊り出す

糸の月家路を急ぐ孔子かな

鶴泣くや百の憂いに抱かれた夜

若水や小悪魔的な鎖骨かな

しのび逢い雪が燃えてる皿の上

モンローや全裸の月に手が触れる

# 恋シネマ

二〇一三（二二句）

ひな祭り左大臣と飲むハイボール

こきまぜて自由と孤独をソーダ水

春なのに恋を迎えにバスが来る

青梅や将門《まさかど》の首かえらずに

人妻を奪うが如く夏は来ぬ

白鯨が路傍の花にほほえむや

墓石をごしごし洗う椿かな

紫陽花の誰がユダやらイエスやら

添い寝して母の吐息は天の川

サクランボあなたの子供でいたかった
ボケました口のまわりは蟹の泡
紫陽花は生まれた時から泣いていた

棺重く生きることは哀しい残暑

ひと夏のピエロの頬に銀の雨

バラ一本あなたにあげる恋シネマ

朝顔や母の写真にお辞儀する

うしろから抱きついて泣く昭和かな

冬ざれや時代遅れの男たち

寒風に大根を洗う始皇帝

冬かもめ石のぬくもり抱きしめて

床擦れの雪が恋しいセーヌ川

みみづくや母のメモリー消去する

# 采《うね》女《め》

二〇一四（二〇句）

人日《じんじつ》や命のかぎり鳴き叫ぶ

えんぶりや友を求めて雲隠れ

ままかりの人生はすべて詰め将棋

友が逝く羽根をやすめた雀の子

うりずんや新しき背広で銀座まで

友よ渡れヨルダン川の明日まで

白粉の采女《うねめ》が笑うソーダ水

去り難し線香の先の桜かな

もの言わぬ墓石に語る案山子《かかし》かな

短夜や友だけ壁に吸いこまれ

永訣の飛ぶに飛べない夜光虫

半夏生冷たい頬の別れかな

斑猫《はんみょう》や母の手紙を幾度読む

髪洗ふ親でもなければ子でもない

悲しみが解けてゆくよう月の耳

この道で青春語らう月見草

年輪のあとからあとから愛あふれ

人生は陰影法のニーチェかな

凩《こがらし》や赤いリボンが恋しくて

神送り己《おのれ》の中に鬼が住む

# 銅鏡

二〇一五（二七句）

書初や孤独に目もあり耳もある

あらたまの紙飛行機にピカソ笑う

元朝《ぐわんてう》や生命《いのち》きざんで得度する

乳白色に裸婦像を抱く冬のバラ

天窓や心の鍵は錆びついて

蝿生る止まった時計と死んだ空

雨音やチクチク痛い父の髭

雷鳥や白髪を見る銅鏡かな

ふるさとの母をねむらす花粉症

紫陽花の海が死んだら本とじて

踊りませうナスもキュウリも服ぬいで

四阿《あずまや》に唐人二人と蜘蛛女

人恋しくて丸い氷が友となり

玉ねぎをむけばむくほど友遠く

悪態やアリの大群とナポレオン

子をすてる別れも告げず虫も鳴く

相席の友はもどらず熱帯夜

散る君へ床にハラハラ月をまく

満月やお国のために自決する

耳遠く母は狂女の月に乗る

どこへゆく放哉《ほうさい》の酒に月落ちる

月ありて飲めどくめども死にきらず
歩かずに空が飛べたらマンジュシャゲ
君は寝て僕は働く宇宙船

狐火やドレスの裾を踏まないで

老兵のしわぶき一つ冬景色

武器をすて蟹のあと追う菊の風

# 隠れ傘

二〇一六（一二句）

歳旦《さいたん》の母は留守電いつ帰る

福笑ひ窓から基地を投げませう

フロイトの夢を机上に独楽廻し

からまりて妻と妾とクモの糸

ハイヒール風に吹かれてパリへゆく

春めくや大正うまれの博多帯

父の背や小さな小さな夜光貝

兄はどこで遊んでいるのか原爆忌

紫陽花や恋にもあらず袖を振る

玉子酒なすすべもなく釈迦如来

叱られてコンビニまでの隠れ傘

遠ざかる恋の足音ポインセチア

# カタコンベ

二〇一七（三一句）

寒潮や飛び越えてみる中納言

淋しさや滝の如くに身を叩く

人生の幕は降りないひな祭り

出てゆくなら貴様がゆけよずわい蟹

友が待つあの世とやらへ冬トマト

てふてふや孤独の花に囲まれて

世の中は理屈じゃねえんだ柳の芽
群青の頭もたげるジェラシー
抱き寄せてまたつきはなす海の音

山眠る母の足あと見つからず

寿命には不服もないが青蛙

竹馬で浅瀬を渡る昭和かな

お母さん百回千回とよぶ椿

春昼や恋文の束《たば》返してよ

友人の形見を拾う夜光虫

葉桜や肺も足もなく死の眠り

三伏《さんふく》やネロが火をつけるカタコンベ

何ひとつ良い事なんてない河童忌

不条理のカフカを読んだ蟻の列

夏大根やぶれかぶれのラブレター

死んじゃった寿命の傘とエメラルド

あざなえる赤い禍福と蟬しぐれ

ふるさとに月と褌《ふんどし》ゆれている

誰も寝てはならぬ放哉《ほうさい》の月

満月や言葉が凍るおもちゃ箱

マネキンが山をみて泣く星月夜

露草のウソではじまる恋もある

鮟鱇《あんこう》や恋のボタンのかけちがい

綻《ほころ》びや人恋しさにリンゴむく

霧の中恋でござんす悪源太

うわばみがニヤリと笑うタチアオイ

# 顔半分

二〇一八（三三一句）

首垂れて鶴となりたる恋の宿

初鳩やあだなす恋を呼びもどす

年の瀬や兄がだんだん父となる

恋文の首筋赤く福寿草

川霧が浮世を隠す桜馬場

霧はれて故郷《こきょう》に帰る山頭火

川霧や胸の奥までセピア色

物言わず父を背負いてミモザ散る

白桃や顔半分に孤独あり

風死せり家出したまま恋に落ち

そうめんを茹《ゆ》ですぎました自己犠牲

彼岸花ちぢんだ母の赤い杖

昼顔や母の目となり耳にならう

白帝《はくてい》や老いに痴呆が凝固する

暗闇の鏡にうつる母子草

パリの灯にカフェの女は乳白色

ギシギシと生きている母の夾竹桃

人生はゴブラン織りの走馬灯

桃を喰う汝の道をゆけダンテ

まじまじと寝顔みつめる子カマキリ

ニヒリズム首なし地蔵に赤いトンボ

火の中へ飛び込む虻は無常感
ロウソクが消えては燃ゆる自画像
虚しさを毛布にくるむソクラテス

巡礼の生かされている冬帽子

みの虫や下《さ》がったままの喜怒哀楽

項《うなじ》からエロスこぼれる柿紅葉

強がりの寂しいくせに夏木立

目の前に生と死があるアランコエ

紫陽花の死線さまよう吊り廊下

舟虫や恋の虫歯が疼き出す

懐にピストルかくす栄螺《さざえ》かな

# 死海

二〇一九（二四句）

初明り母を預けて天の穴

人日や虫も殺さぬダビデ像

寂しさに手足がはえる独楽《こま》廻し

晩春や人斬り承《うけたまわ》ります

棺とじて百万本の黄水仙

花冷に埴輪の馬がいななくや

女郎花《おみなえし》影絵の中で首かしげ

ランタンが幾千ともる勿忘草《わすれなぐさ》

肉厚で恨みが宿る椿かな

渡り鳥欠けた茶碗も捨てられず

茹《ゆ》で卵きれいにむける朧月

ハイボール悪女の時計が嗚咽《おえつ》する

悲しみが追いかけてくる桜道《みち》

一列に淋しさが並ぶ雀かな

玄関で土偶が笑う穀雨かな

香水を耳たぶに塗る桜貝

木蓮やドン・キホーテになれなかった

ボクの恋惨《みじ》めに終る初鰹

賢《さか》しらに辻説法するヒキガエル

春雷やピアノの上を走る恋

夏めくや死海のほとり散歩する

傘立てに母の花柄波の音

告白が壁に貼《は》りつく半夏生《はんげしょう》

白桃のうす皮をむく令和かな

# 肥前長崎

二〇一九　春（一五句）

半熟の恋はつれづれ毛糸編む

シクラメンかすかに笑ふ思案橋

節分や長崎弁で肩を抱く

椿落《お》つ三位一体の天主堂

凛《りん》として睦月うまれる稲《いな》佐《さ》山《やま》

たわむれにドテラ着ているヒキガエル

如月や女王陛下のサラダパン

冬帝やギムレットに酔う好々爺《こうこうや》

言葉なくがんじがらめのバレンタイン

丸山の実のらぬ恋は黒真珠

ザボン咲く遅刻してくる黒ドレス

皿うどん運命の糸を引き寄せる

メガネ橋フロイトの夢あふれだす

初蝶やオランダ坂に手のぬくもり

短夜やうす紫の思案橋

著者プロフィール

**本間 まん**（ほんま まん）

1952年、6月　神奈川県生まれ

「聖徳太子の実像と幻像」（共著、大和書房、2002年1月）
「句集・蟹の穴」（文芸社、2009年7月）
「日本古代皇太子制度の研究」（雄山閣、2014年1月）

句集　俳句の考古学

二〇一九年九月二六日　初版第一刷発行

著　者　本間　まん
発行者　玻名城泰山
発行所　琉球新報社
〒九〇〇－八五二五
沖縄県那覇市泉崎一－一〇－三
問合せ　琉球新報社読者事業局出版部
電話（〇九八）八六五－五一〇〇
発　売　琉球プロジェクト
印刷所　新星出版株式会社


ISBN978-4-89742-249-7　C0092
定価はカバーに表示してあります。